Como Contratar al Correcto

Henry Allen

Página de Derechos de Autor

Editora: Univon

Año de Lanzamiento 2025

Indice

El Impacto de una Mala Contratación

Contratar a la persona equivocada no es solo un pequeño error administrativo, es un problema que puede afectar a toda la empresa, desde el ambiente de trabajo hasta las finanzas. A primera vista, puede parecer que un mal empleado solo representa una molestia menor, pero con el tiempo, los efectos negativos se acumulan y pueden causar estragos en el equipo, los clientes y los resultados del negocio. Es como un pequeño hoyo en un barco que, si no se atiende a tiempo, termina hundiéndolo.

Cuando una empresa contrata a alguien que no encaja con el puesto o con la cultura organizacional, el primer impacto se siente en la productividad. Un mal empleado puede tardar más de lo esperado en completar tareas, cometer errores frecuentes o incluso no hacer bien su trabajo. Esto obliga a otros miembros del equipo a cubrir sus fallas, lo que genera frustración y descontento. En lugar de avanzar con eficiencia, el equipo pierde tiempo arreglando los problemas causados por esa persona.

El impacto en el ambiente laboral es otro gran problema. Un mal empleado puede traer consigo actitudes negativas, falta de compromiso o incluso conflictos con otros compañeros. Si un miembro del equipo es tóxico, desmotivado o irresponsable, puede afectar la moral de todos. El trabajo en equipo se debilita, las tensiones aumentan y, en el peor de los casos, los mejores empleados terminan renunciando porque no quieren lidiar con un entorno difícil. Un solo elemento negativo puede ser suficiente para que un equipo sólido comience a deteriorarse.

Desde el punto de vista financiero, una mala contratación es un desperdicio de dinero. Se invierte en capacitación, en salarios y en beneficios, solo para darse cuenta de que la persona no está aportando valor. Si se tiene que despedir y reemplazar, el proceso de selección, las entrevistas y el entrenamiento de un nuevo candidato generan más costos. En algunas industrias, el daño financiero puede ser aún mayor si el mal empleado causa errores costosos, afecta la reputación de la empresa o incluso provoca la pérdida de clientes importantes.

El impacto en los clientes también es un riesgo que no se debe ignorar. Si un empleado con una mala actitud atiende a los clientes, es probable que estos tengan una mala experiencia y no vuelvan. Un mal servicio puede llevar a comentarios negativos, malas reseñas y una imagen dañada para la empresa. En la era de las redes sociales, una sola mala experiencia compartida por un cliente insatisfecho puede causar un daño significativo a la reputación del negocio.

Además, una mala contratación obliga a la empresa a perder el enfoque en lo realmente importante. En lugar de concentrarse en crecer, innovar y mejorar, se pierde tiempo tratando de solucionar problemas generados por una elección equivocada. La energía de los líderes y gerentes se desvía en manejar conflictos, corregir errores y, en última instancia, buscar una solución para reemplazar al empleado que nunca debió ser contratado.

Lo peor de todo es que muchas veces una mala contratación no se detecta de inmediato. Se trata de un problema que va empeorando con el tiempo. Al principio, puede parecer que la persona solo necesita un poco de adaptación o más capacitación, pero con los meses se hace evidente que no encaja. Para cuando la empresa se da cuenta de que necesita hacer un cambio, ya ha perdido valiosos recursos, tiempo y, en algunos casos, incluso a otros empleados clave que se fueron por la frustración de trabajar con alguien que no debía estar ahí.

Por eso, contratar al candidato correcto desde el principio es una de las decisiones más importantes en cualquier negocio. No se trata solo de llenar un puesto lo más rápido posible, sino de encontrar a alguien que realmente aporte valor, encaje en la cultura de la empresa y ayude a construir un equipo sólido. Porque cuando una empresa contrata mal, paga el precio en muchas formas, y en algunos casos, ese precio es demasiado alto.

Definiendo el Perfil Ideal

Contratar al empleado correcto empieza mucho antes de publicar una oferta de trabajo o realizar una entrevista. Todo comienza con definir exactamente qué tipo de persona se necesita para el puesto. Este paso es fundamental porque, si no se tiene claro el perfil ideal del candidato, el proceso de selección se vuelve un juego de adivinanzas en el que se corre el riesgo de contratar a alguien que no es adecuado.

Definir el perfil ideal no significa solo hacer una lista de requisitos técnicos, como títulos o experiencia. Un error común es enfocarse únicamente en las habilidades duras y olvidar que la actitud, la personalidad y la capacidad de adaptación son igual de importantes. Un empleado con el mejor currículum del mundo puede no ser la mejor opción si no comparte los valores de la empresa o si su forma de trabajar no encaja con la del equipo.

El primer paso para definir el perfil ideal es entender exactamente qué necesita el negocio. No se trata solo de cubrir una vacante, sino de encontrar a alguien que realmente aporte valor. Para esto, hay que analizar en detalle cuáles son las tareas que la persona va a realizar, qué habilidades son indispensables y qué tipo de personalidad encaja mejor en el equipo. No es lo mismo contratar a un vendedor, que necesita ser extrovertido y persuasivo, que a un contador, que requiere ser organizado y meticuloso.

Otro aspecto clave es determinar la experiencia y conocimientos mínimos que el candidato debe tener. Muchas veces, las empresas caen en dos errores opuestos: pedir demasiados requisitos o no pedir suficientes. Si la lista de exigencias es excesiva, se corre el riesgo de perder buenos candidatos que podrían aprender en el trabajo. Pero si se contrata a alguien sin la preparación adecuada, la curva de aprendizaje puede ser demasiado larga y costosa. La clave está en encontrar un equilibrio entre lo que se necesita y lo que es posible conseguir en el mercado laboral.

La cultura de la empresa también juega un papel fundamental en la definición del perfil ideal. Cada organización tiene su propio estilo de trabajo, sus valores y su manera de hacer las cosas. Si un candidato no encaja en ese ambiente, por más talentoso que sea, es probable que no se sienta cómodo y que termine renunciando o generando conflictos. Por eso, es importante definir qué tipo de persona se adapta mejor a la forma de trabajo de la empresa. Si se trata de un ambiente dinámico y con cambios constantes, se necesita alguien flexible y con iniciativa. Si es un entorno más estructurado, donde se siguen procesos estrictos, lo ideal es alguien que prefiera la estabilidad y el orden.

Un elemento que a menudo se pasa por alto es la proyección del candidato dentro de la empresa. No se trata solo de contratar a alguien que pueda hacer el trabajo hoy, sino a alguien que pueda crecer y aportar en el futuro. Es recomendable pensar en cuál podría ser el desarrollo de esa persona dentro de la organización, qué habilidades puede adquirir con el tiempo y si tiene la actitud para aprender y mejorar. Un candidato con potencial puede ser más valioso que alguien con experiencia pero sin ganas de evolucionar.

Para definir bien el perfil ideal, es útil hacer una lista con tres categorías: requisitos indispensables, habilidades deseables y características personales. Los requisitos indispensables son aquellos sin los cuales el candidato no podría hacer el trabajo, como conocimientos técnicos o experiencia específica. Las habilidades deseables son aquellas que no son esenciales pero que pueden hacer la diferencia, como el manejo de un software adicional o experiencia en un sector relacionado. Y las características personales incluyen aspectos como la actitud, la capacidad de trabajo en equipo o la tolerancia al estrés.

Tomarse el tiempo para definir con precisión el perfil ideal antes de iniciar la búsqueda de candidatos hace que todo el proceso de contratación sea más eficiente. Se reduce el número de entrevistas innecesarias, se atraen los candidatos correctos y se evita el error de contratar a alguien solo porque parecía encajar en el momento. Una empresa que sabe exactamente a quién está buscando tiene muchas más probabilidades de encontrar a la persona adecuada y de construir un equipo sólido y exitoso.

Elaboración de una Oferta de Trabajo Atractiva

Publicar una oferta de trabajo no es simplemente redactar un anuncio con una lista de requisitos y responsabilidades. Si se quiere atraer a los mejores candidatos, la oferta debe ser clara, atractiva y transmitir el verdadero valor de trabajar en la empresa. Una oferta mal escrita o demasiado genérica puede hacer que los candidatos ideales la ignoren o que solo postulen personas que no encajan con lo que realmente se necesita.

El primer paso para elaborar una oferta de trabajo efectiva es tener claro el perfil del candidato ideal. No se puede atraer a la persona correcta si no se sabe exactamente qué se está buscando. Es importante definir bien las habilidades necesarias, la experiencia requerida y, sobre todo, las características personales que harían que el candidato encaje bien en la empresa. Con esto en mente, la oferta de trabajo debe redactarse de manera que despierte interés en quienes cumplen con el perfil y filtre automáticamente a quienes no se ajustan a los requisitos.

El título de la oferta es uno de los elementos más importantes. Un título genérico o poco claro puede hacer que el anuncio pase desapercibido entre cientos de publicaciones similares. Es recomendable usar un título que describa el puesto de manera precisa y atractiva. En lugar de escribir algo vago como "Se busca asistente", es mejor especificar "Asistente administrativo con experiencia en atención al cliente". Esto ayuda a que los candidatos adecuados identifiquen rápidamente si la oferta es para ellos.

Después del título, la introducción de la oferta debe captar la atención del candidato de inmediato. En lugar de empezar con una larga lista de requisitos, es mejor comenzar con una breve descripción de la empresa y del impacto que tendrá el puesto dentro de la organización. La gente no solo busca un empleo, también quiere sentirse parte de algo importante. Explicar en pocas líneas por qué la empresa es un buen lugar para trabajar y cómo el puesto contribuye al crecimiento del negocio hace que la oferta sea mucho más atractiva.

En la sección de responsabilidades, es fundamental ser específico sin ser abrumador. Un error común es escribir una lista interminable de tareas, lo que puede hacer que la oferta parezca poco atractiva o confusa. En lugar de eso, lo mejor es destacar las cinco o seis funciones más importantes del puesto. Esto permite que el candidato tenga una idea clara de lo que se espera de él sin sentirse intimidado por una lista demasiado extensa.

Los requisitos del puesto también deben presentarse de manera estratégica. Si se incluyen demasiadas exigencias, se corre el riesgo de ahuyentar a candidatos calificados que tal vez no cumplan con todos los puntos, pero que podrían aprender rápidamente. La mejor práctica es separar los requisitos en dos categorías: los indispensables y los deseables. Los indispensables son aquellos que realmente se necesitan para el puesto, como experiencia en un área específica o dominio de ciertas herramientas. Los deseables son habilidades adicionales que serían una ventaja, pero que no son esenciales para desempeñar el trabajo.

Uno de los elementos que más influye en la decisión de los candidatos es la oferta salarial y los beneficios. Muchas empresas cometen el error de no incluir información sobre el salario, lo que puede hacer que los mejores candidatos pasen de largo. Aunque no siempre es necesario especificar un número exacto, al menos se debe ofrecer un rango salarial para que los postulantes tengan una idea clara de lo que pueden esperar. Además del sueldo, es importante mencionar beneficios como bonos, oportunidades de crecimiento, capacitaciones o cualquier otro incentivo que haga que el empleo sea más atractivo.

El tono de la oferta de trabajo también es clave. Una oferta demasiado formal y fría puede hacer que la empresa parezca rígida o poco acogedora. Por otro lado, un tono demasiado informal puede dar la impresión de que el trabajo no es serio. Lo ideal es encontrar un equilibrio, utilizando un lenguaje profesional pero amigable, que transmita confianza y refleje la cultura de la empresa.

Para terminar, es fundamental incluir instrucciones claras sobre cómo postularse. Se debe indicar si los candidatos deben enviar un currículum, llenar un formulario o incluir una carta de presentación. También es útil establecer un plazo para recibir postulaciones y mencionar el proceso de selección, como si habrá entrevistas en línea o pruebas adicionales.

Una oferta de trabajo bien elaborada no solo atrae a los mejores candidatos, sino que también ayuda a reducir el número de postulaciones irrelevantes, haciendo que el proceso de selección sea más eficiente. Tomarse el tiempo para redactarla con claridad y estrategia es una inversión que puede marcar la diferencia entre encontrar al empleado perfecto o perder tiempo con candidatos que no encajan con lo que realmente se necesita.

Dónde Encontrar a los Mejores Candidatos

Encontrar a los mejores candidatos no es cuestión de suerte ni de esperar a que la persona indicada aparezca por arte de magia. Para atraer talento de calidad, es necesario saber exactamente dónde buscar y cómo hacerlo de manera estratégica. Si se publica una oferta de trabajo en cualquier lugar sin un plan, se corre el riesgo de recibir cientos de postulaciones irrelevantes o, peor aún, no encontrar a nadie realmente calificado para el puesto.

El primer lugar donde se debe buscar candidatos es dentro de la propia empresa. Muchas veces, la mejor opción para cubrir una vacante ya trabaja en la organización. Promover a alguien del equipo o darle la oportunidad a un empleado de asumir nuevas responsabilidades no solo ahorra tiempo y dinero en el proceso de selección, sino que también motiva a los trabajadores al mostrarles que hay oportunidades de crecimiento. Antes de salir al mercado en busca de alguien nuevo, siempre es recomendable analizar si hay alguien interno que pueda asumir el puesto.

Si no hay un candidato adecuado dentro de la empresa, la siguiente opción es utilizar plataformas de empleo en línea. Sitios web especializados en ofertas laborales son una de las formas más efectivas de llegar a una gran cantidad de candidatos en poco tiempo. Plataformas como LinkedIn, Indeed o Glassdoor permiten filtrar postulantes según experiencia, ubicación y habilidades, lo que facilita encontrar personas que realmente se ajusten al perfil buscado. Sin embargo, no basta con publicar una oferta y esperar. Es recomendable revisar perfiles de manera activa, contactar directamente a personas que parezcan adecuadas y participar en grupos o foros donde profesionales del sector interactúan.

Las redes sociales también pueden ser una herramienta poderosa para encontrar talento. Publicar la oferta en páginas de la empresa en LinkedIn, Facebook o incluso Twitter puede ayudar a que llegue a más personas, especialmente si los empleados actuales la comparten en sus redes. Muchas veces, los mejores candidatos no están buscando trabajo activamente, pero si ven una oportunidad interesante en sus redes sociales, pueden sentirse atraídos a postularse o recomendar a alguien que encaje con el perfil.

Otra estrategia efectiva es el uso de referencias de empleados. Muchas empresas han descubierto que los candidatos recomendados por trabajadores actuales tienden a ser más confiables y encajar mejor en la cultura organizacional. Pedir a los empleados que recomienden personas de su red profesional puede generar postulaciones de alta calidad. Incluso, algunas empresas ofrecen incentivos a los empleados que refieren a candidatos que terminan siendo contratados y permanecen en la empresa por un período determinado.

Las ferias de empleo y eventos de networking también son excelentes oportunidades para encontrar talento. En estos espacios, es posible conocer a candidatos cara a cara, evaluar su actitud y habilidades en tiempo real y generar conexiones más personales que van más allá de un simple currículum. Participar en eventos de la industria, conferencias o charlas también puede ayudar a identificar a profesionales que destacan en su campo y que podrían ser una gran incorporación para el equipo.

Otra opción que no se debe ignorar es el contacto con universidades e institutos de formación. Si se busca talento joven con potencial de crecimiento, trabajar en conjunto con centros educativos puede ser una gran estrategia. Muchas universidades tienen bolsas de empleo o programas de prácticas donde las empresas pueden encontrar estudiantes o recién graduados con ganas de aprender y aportar nuevas ideas. Aunque estos candidatos pueden no tener mucha experiencia, su entusiasmo y disposición para capacitarse pueden convertirlos en una excelente inversión a largo plazo.

Para puestos más especializados o de alto nivel, las agencias de reclutamiento pueden ser una solución eficaz. Estas agencias tienen bases de datos con candidatos previamente evaluados y pueden ayudar a encontrar personas con las habilidades exactas que se necesitan. Aunque su servicio tiene un costo, puede ser una inversión que ahorra tiempo y garantiza que solo se entrevisten candidatos realmente calificados.

Finalmente, una estrategia que cada vez es más utilizada es el reclutamiento proactivo. En lugar de esperar a que los candidatos se postulen, las empresas pueden identificar personas con talento en LinkedIn u otras plataformas y contactarlas directamente. A veces, los mejores empleados ya están trabajando en otro lugar, pero si reciben una oferta atractiva, pueden estar dispuestos a cambiar de empresa.

Encontrar a los mejores candidatos no es un proceso pasivo, requiere planificación y una combinación de diferentes estrategias. Las empresas que saben dónde buscar y cómo hacerlo tienen más probabilidades de atraer talento de calidad, reducir el tiempo de contratación y construir equipos sólidos que contribuyan al crecimiento del negocio. En un mercado laboral competitivo, el éxito en la contratación no depende solo de publicar una oferta, sino de saber cómo y dónde encontrar a la persona correcta.

Filtrando Currículums y Primer Contacto

Recibir una gran cantidad de currículums no es necesariamente una buena señal si no se tiene un sistema claro para filtrarlos. Revisar cada solicitud de manera desorganizada puede ser una pérdida de tiempo y llevar a contratar a la persona equivocada. Por eso, es fundamental establecer un proceso eficiente para filtrar currículums y seleccionar solo a los candidatos con verdadero potencial antes de pasar a la siguiente etapa.

El primer paso es tener claridad sobre los requisitos indispensables del puesto. Antes de leer un solo currículum, se debe revisar la descripción del perfil ideal que se definió previamente. De esta manera, es más fácil identificar qué candidatos cumplen con las condiciones básicas y cuáles pueden descartarse de inmediato. Es importante recordar que la idea no es encontrar al mejor candidato lo más rápido posible, sino asegurarse de que solo lleguen a la siguiente fase aquellos que realmente tienen posibilidades de encajar en el puesto.

Una estrategia efectiva para filtrar currículums es utilizar un sistema de categorías. Se pueden dividir en tres grupos principales: candidatos que cumplen con todos los requisitos esenciales, candidatos que cumplen con algunos pero podrían compensarlo con otras habilidades y candidatos que no cumplen con lo necesario. Los currículums del último grupo deben descartarse sin perder mucho tiempo, mientras que los del segundo grupo pueden ser analizados con más detalle para evaluar si su potencial justifica avanzar en el proceso.

Uno de los errores más comunes al revisar currículums es enfocarse únicamente en la experiencia laboral y los títulos académicos. Si bien estos elementos son importantes, no siempre reflejan las verdaderas habilidades de un candidato. Es recomendable prestar atención a otros detalles, como la estabilidad laboral, la progresión de responsabilidades en trabajos anteriores y cualquier indicio de iniciativa o aprendizaje continuo. Un candidato que ha ido creciendo en su carrera y ha demostrado compromiso en sus empleos anteriores puede ser una mejor opción que alguien con una larga lista de trabajos en períodos cortos.

Otro punto clave es evaluar la presentación y claridad del currículum. Un documento mal estructurado, con errores ortográficos o sin información clara puede ser una señal de descuido o falta de profesionalismo. Un buen currículum debe ser claro, directo y fácil de leer. No se trata de juzgar a alguien solo por el formato, pero si un candidato no se ha tomado el tiempo de presentar bien su información, es posible que tenga la misma actitud en su trabajo.

Una vez que se han filtrado los currículums y se ha seleccionado a los candidatos más prometedores, es momento de hacer el primer contacto. Esta etapa es crucial porque es la primera impresión directa que el candidato tendrá de la empresa. Un mensaje o llamada mal estructurada puede hacer que incluso el mejor candidato pierda interés en la oferta.

El primer contacto debe ser breve, claro y profesional. Si es una llamada, se debe comenzar presentándose, mencionando el nombre de la empresa y explicando que el currículum del candidato ha sido seleccionado para avanzar en el proceso de contratación. Es recomendable confirmar que la persona sigue interesada en la posición antes de continuar con más detalles. Si la respuesta es afirmativa, se puede explicar el siguiente paso del proceso, como una entrevista inicial o una prueba técnica.

Si el primer contacto es por correo electrónico, el mensaje debe ser igualmente conciso y amigable. Se debe incluir el nombre del candidato, el puesto para el que se le está considerando y una invitación clara a la siguiente etapa. Es recomendable agregar detalles sobre el proceso de selección para que el candidato sepa qué esperar. También es útil dar una opción de horario para que la persona pueda confirmar disponibilidad sin necesidad de un intercambio innecesario de correos.

Algo que muchas empresas pasan por alto es la importancia del tono en el primer contacto. Si el mensaje es demasiado frío o impersonal, puede generar desinterés. Si es demasiado informal, puede parecer poco serio. Lo ideal es transmitir profesionalismo y entusiasmo, dejando claro que la empresa valora a los candidatos y que el proceso de selección está bien estructurado.

El primer contacto también es una oportunidad para evaluar ciertos aspectos del candidato antes de la entrevista. Si en la llamada la persona muestra desinterés, falta de claridad al hablar o una actitud negativa, puede ser una señal de alerta. Si responde el correo de manera descuidada o con errores evidentes, también puede indicar que no es el tipo de empleado que se busca.

Filtrar currículums y hacer el primer contacto con los candidatos es un paso fundamental en el proceso de contratación. Si se hace bien, se ahorra tiempo, se evita entrevistar a personas que no cumplen con los requisitos y se genera una mejor experiencia tanto para la empresa como para los postulantes. Tomarse el tiempo para hacerlo de manera estratégica aumenta las probabilidades de encontrar a la persona correcta para el puesto y reducir el riesgo de una mala contratación.

Entrevistas Efectivas

La entrevista es el momento clave en el proceso de contratación. Es la oportunidad para conocer realmente a los candidatos, evaluar si tienen las habilidades necesarias y, lo más importante, determinar si encajan con la cultura de la empresa. Sin embargo, muchas entrevistas se hacen de manera improvisada, sin una estrategia clara, lo que puede llevar a decisiones equivocadas. Para que una entrevista sea efectiva, debe estar bien estructurada, enfocarse en lo que realmente importa y permitir evaluar a los candidatos de manera justa y objetiva.

Antes de realizar cualquier entrevista, es fundamental prepararse. No se trata solo de hacer preguntas al azar, sino de tener claro qué se quiere descubrir sobre el candidato. Se debe revisar nuevamente el perfil del puesto y definir los criterios que se usarán para evaluar a cada persona. Esto incluye no solo las habilidades técnicas, sino también aspectos como la actitud, la capacidad de resolución de problemas y la compatibilidad con el equipo de trabajo.

El ambiente de la entrevista también es importante. Si el candidato se siente incómodo o bajo demasiada presión, es probable que no muestre su verdadero potencial. Una entrevista efectiva debe permitir que la persona se exprese con naturalidad, sin que se sienta en un interrogatorio. Para lograr esto, es recomendable comenzar con una introducción amigable, explicar el propósito de la entrevista y dar una idea general sobre el proceso de selección. Esto ayuda a generar confianza y hace que la conversación fluya mejor.

Las preguntas que se hacen en la entrevista determinan la calidad de la información que se obtiene. Muchas veces, los entrevistadores caen en preguntas genéricas como "¿Cuáles son tus fortalezas y debilidades?" o "Cuéntame sobre ti", que no aportan información realmente útil. En lugar de eso, es mejor hacer preguntas específicas y basadas en situaciones reales. Por ejemplo, en lugar de preguntar si un candidato sabe trabajar bajo presión, se le puede pedir que describa una experiencia en la que tuvo que manejar una situación estresante y cómo la resolvió.

Un enfoque muy efectivo es el de las preguntas conductuales, que se basan en la idea de que el mejor predictor del comportamiento futuro es el comportamiento pasado. Este tipo de preguntas obligan al candidato a dar ejemplos concretos de cómo ha manejado situaciones en el pasado. Preguntas como "Háblame de una vez en la que tuviste un conflicto con un compañero de trabajo y cómo lo solucionaste" o "Descríbeme una ocasión en la que tuviste que tomar una decisión difícil en el trabajo" pueden revelar mucho más sobre la persona que respuestas ensayadas sobre sus supuestas fortalezas.

También es importante evaluar las habilidades técnicas necesarias para el puesto. Dependiendo del tipo de trabajo, esto puede incluir pruebas prácticas, resolución de casos o preguntas técnicas específicas. Por ejemplo, si se está entrevistando a un programador, es recomendable pedirle que resuelva un pequeño problema de codificación en vivo. Si se busca un vendedor, se le puede pedir que haga una simulación de una llamada con un cliente. Este tipo de pruebas ayudan a ver cómo se desempeña realmente el candidato en situaciones similares a las que enfrentará en el trabajo.

La actitud del candidato es un factor clave que no se debe pasar por alto. Más allá de sus conocimientos y experiencia, es importante observar cómo responde a las preguntas, su lenguaje corporal y su nivel de interés en el puesto. Un candidato que responde con entusiasmo, que hace preguntas sobre la empresa y que muestra iniciativa probablemente tendrá una mejor actitud en el trabajo que alguien que responde de manera monótona o sin demostrar mucho interés.

Otro punto importante es la compatibilidad con la cultura de la empresa. No basta con que un candidato sea técnicamente competente si su forma de trabajar choca con los valores y el estilo de la organización. Para evaluar esto, se pueden hacer preguntas sobre cómo le gusta trabajar, qué tipo de ambiente prefiere o cómo maneja los cambios y la presión. También se puede aprovechar la entrevista para hablar sobre la cultura de la empresa y observar la reacción del candidato. Si su actitud y valores no coinciden con los de la organización, es probable que no se adapte bien al equipo.

Durante la entrevista, es recomendable tomar notas detalladas para poder comparar candidatos de manera objetiva más adelante. Es fácil olvidar detalles importantes cuando se han realizado varias entrevistas en un día, por lo que registrar observaciones sobre la actitud, las respuestas y cualquier punto relevante ayuda a tomar una mejor decisión al final del proceso.

Finalmente, el cierre de la entrevista es tan importante como el inicio. Es recomendable dar la oportunidad al candidato de hacer preguntas, ya que esto permite evaluar su nivel de interés y aclarar cualquier duda que pueda tener. También es importante explicarle los siguientes pasos del proceso de selección y darle una idea del tiempo que tomará recibir una respuesta. Un candidato bien informado se sentirá más valorado y tendrá una mejor impresión de la empresa, lo que aumenta las probabilidades de que acepte una oferta si es seleccionado.

Una entrevista bien hecha no solo sirve para evaluar a los candidatos, sino que también es una oportunidad para proyectar una buena imagen de la empresa y generar interés en el puesto. Siguiendo un proceso estructurado, haciendo preguntas relevantes y enfocándose en lo que realmente importa, se pueden tomar mejores decisiones y aumentar las probabilidades de contratar a la persona correcta.

Más Allá del CV

Contratar a alguien basándose únicamente en su currículum es un error que muchas empresas cometen. Aunque el currículum es una herramienta útil para conocer la formación y la experiencia laboral de un candidato, no dice todo sobre la persona. Un papel no puede reflejar aspectos como la actitud, la capacidad de adaptación, la ética de trabajo o la forma en que alguien maneja los problemas. Por eso, para tomar una buena decisión de contratación, es necesario ir más allá del currículum y evaluar al candidato desde diferentes ángulos.

Uno de los aspectos más importantes que no aparece en el currículum es la actitud del candidato. Muchas empresas han contratado a personas con una gran cantidad de títulos y experiencia, solo para descubrir que tienen una mala actitud, no saben trabajar en equipo o no tienen interés en aprender. La actitud es clave porque las habilidades se pueden enseñar, pero la disposición y el compromiso dependen de cada persona. Un candidato que demuestra entusiasmo, que hace preguntas inteligentes y que muestra interés genuino por la empresa suele ser una mejor opción que alguien con un currículum impresionante pero que parece indiferente o poco motivado.

La capacidad de adaptación es otro factor crucial que no se puede evaluar solo con un currículum. En un mundo laboral en constante cambio, las empresas necesitan empleados que puedan aprender rápido, ajustarse a nuevas circunstancias y manejar situaciones imprevistas. Un candidato con años de experiencia en un solo tipo de tarea, pero sin flexibilidad para enfrentar nuevos retos, puede quedarse atrás cuando el negocio evoluciona. Para evaluar la capacidad de adaptación, es recomendable hacer preguntas sobre cómo el candidato ha manejado cambios en trabajos anteriores, qué ha aprendido en situaciones difíciles y cómo enfrenta los desafíos.

Otro aspecto que muchas veces se ignora es la compatibilidad con la cultura de la empresa. Cada empresa tiene un estilo de trabajo y unos valores que definen su ambiente laboral. Algunas empresas fomentan la autonomía y la creatividad, mientras que otras valoran la estructura y el cumplimiento estricto de procedimientos. Un candidato puede ser excelente en términos de habilidades, pero si su personalidad y valores no encajan con la cultura de la empresa, es probable que no se sienta cómodo en su trabajo y que su rendimiento no sea el esperado. Para evitar esto, es útil hablar sobre la cultura de la empresa durante la entrevista y observar la reacción del candidato.

La inteligencia emocional es otro factor clave que no se puede medir con un currículum. Un candidato con un historial profesional impecable puede tener problemas para manejar el estrés, resolver conflictos o comunicarse de manera efectiva con sus compañeros. La inteligencia emocional es la capacidad de entender y manejar las propias emociones y las de los demás, y es fundamental para trabajar bien en equipo. Para evaluar este aspecto, se pueden hacer preguntas sobre cómo el candidato ha manejado conflictos en el pasado, cómo reacciona ante la crítica y cómo se siente trabajando bajo presión.

La ética de trabajo también es difícil de medir solo con un currículum, pero puede hacer la diferencia entre un empleado confiable y uno que genera problemas. Un candidato con una gran lista de logros en su currículum no siempre es alguien comprometido y responsable. Hay personas que han cambiado de trabajo muchas veces porque no cumplen con sus responsabilidades o porque tienen una actitud negativa hacia su trabajo. Para detectar esto, es importante analizar el historial laboral del candidato y hacer preguntas sobre cómo maneja su tiempo, cómo prioriza sus tareas y cómo se asegura de cumplir con sus compromisos.

El aprendizaje continuo es otro aspecto que no siempre se refleja en un currículum, pero que es fundamental en el mundo actual. Un candidato que se conforma con lo que ya sabe y no busca mejorar puede quedarse atrás rápidamente. Por otro lado, alguien que constantemente busca aprender nuevas habilidades y mejorar su desempeño será un activo valioso para la empresa. Para evaluar este aspecto, se pueden hacer preguntas sobre qué libros, cursos o experiencias han ayudado al candidato a crecer profesionalmente y qué nuevas habilidades le gustaría aprender en el futuro.

Un currículum puede decir muchas cosas sobre un candidato, pero nunca cuenta toda la historia. Para tomar una buena decisión de contratación, es necesario mirar más allá del papel y evaluar a la persona en su totalidad. La actitud, la capacidad de adaptación, la inteligencia emocional, la ética de trabajo y el deseo de aprender son factores que pueden hacer la diferencia entre un empleado común y uno que realmente aporte valor a la empresa. Un proceso de selección que tome en cuenta estos aspectos no solo reducirá el riesgo de una mala contratación, sino que también ayudará a construir un equipo más fuerte y comprometido.

Detectando Mentiras y Exageraciones

Contratar a la persona equivocada puede costarle mucho a una empresa, y una de las principales razones por las que esto sucede es porque algunos candidatos mienten o exageran en sus currículums y entrevistas. Aunque la mayoría de las personas presentan su experiencia y habilidades de la mejor manera posible, hay quienes van más allá y falsean información para parecer más calificados de lo que realmente son. Detectar estas mentiras y exageraciones es fundamental para evitar contratar a alguien que no tiene las competencias necesarias o que no es honesto desde el inicio.

Uno de los lugares más comunes donde los candidatos mienten es en la experiencia laboral. Algunas personas inflan los cargos que han tenido, exageran sus responsabilidades o incluso inventan empleos que nunca han tenido. Para detectar este tipo de engaño, es importante revisar con atención los detalles del currículum y estar atentos a inconsistencias. Si un candidato ha cambiado de trabajo muchas veces en períodos cortos o si hay huecos en su historial laboral sin explicación, es una señal de alerta. Una forma efectiva de verificar la experiencia es pedir referencias y contactar directamente a empleadores anteriores. Las empresas pueden confirmar si realmente trabajó allí y qué tipo de responsabilidades tenía.

Otra área en la que los candidatos suelen mentir es en sus habilidades. Es común que algunas personas digan que dominan programas, idiomas o técnicas que en realidad apenas conocen. Una forma sencilla de detectar esto es hacer preguntas específicas en la entrevista. Si alguien dice que domina un idioma, se le puede hacer una pregunta en ese idioma para ver cómo responde. Si afirma tener conocimientos avanzados en un software, se le puede pedir que explique cómo resolver un problema con esa herramienta. También es útil incluir una pequeña prueba técnica en el proceso de selección para comprobar que realmente tiene las habilidades que dice tener.

Las fechas de empleo son otro aspecto donde los candidatos suelen hacer ajustes para que su historial parezca más sólido. Algunos estiran las fechas de sus trabajos anteriores para ocultar períodos de desempleo o para hacer que parezca que estuvieron más tiempo en un puesto de lo que realmente estuvieron. Si un candidato dice que trabajó en una empresa durante cinco años, pero al contactar a la empresa se confirma que solo estuvo dos, es una clara señal de que ha modificado su historial.

Los títulos académicos y certificaciones también pueden ser falsificados o exagerados. Algunas personas afirman haber obtenido títulos que en realidad no completaron o mencionan cursos que nunca realizaron. Para evitar este problema, es recomendable pedir documentos oficiales que respalden la información. Muchas instituciones educativas permiten verificar si alguien realmente se graduó de allí, por lo que es una buena idea hacer esa comprobación en casos donde el título sea clave para el puesto.

Las referencias falsas son otro problema frecuente. Hay candidatos que ponen como referencia a amigos o familiares que están dispuestos a mentir por ellos, haciéndose pasar por antiguos jefes o compañeros de trabajo. Para evitar esto, es importante contactar directamente a la empresa donde supuestamente trabajó y pedir hablar con alguien del departamento de recursos humanos o con un supervisor real. También es útil hacer preguntas detalladas a la referencia, como fechas exactas de empleo y responsabilidades específicas, para ver si la información es consistente con lo que el candidato dijo en la entrevista.

La actitud del candidato en la entrevista también puede dar pistas sobre si está mintiendo o exagerando. Cuando alguien miente, suele evitar detalles específicos y da respuestas muy generales. Por ejemplo, si se le pregunta sobre un proyecto en el que trabajó y solo responde con frases vagas sin dar ejemplos concretos, es posible que no esté diciendo la verdad. También es común que las personas que exageran tiendan a hablar demasiado sobre sus logros y a minimizar cualquier tipo de dificultad que hayan enfrentado en el pasado.

Otra estrategia para detectar mentiras es hacer preguntas repetidas en diferentes momentos de la entrevista o durante varias etapas del proceso de selección. Si un candidato miente, es probable que tenga dificultades para recordar exactamente lo que dijo antes y termine dando respuestas contradictorias. Un buen entrevistador puede notar estas inconsistencias y hacer preguntas adicionales para confirmar la información.

Las redes sociales y el perfil en plataformas como LinkedIn pueden ser una herramienta valiosa para verificar la información de un candidato. Si un candidato dice haber trabajado en una empresa por varios años pero en su perfil de LinkedIn la información es diferente o si no tiene conexiones con excompañeros de ese trabajo, podría ser una señal de que algo no encaja.

Aunque detectar mentiras y exageraciones en un proceso de contratación puede requerir tiempo y esfuerzo, es una inversión necesaria para evitar problemas en el futuro. Un candidato que miente en su currículum o en la entrevista probablemente no será un empleado confiable. Hacer preguntas estratégicas, verificar referencias y estar atentos a señales de inconsistencias puede marcar la diferencia entre contratar a la persona correcta o cometer un error costoso.

La Importancia de la Cultura Empresarial

Cada empresa tiene su propia forma de hacer las cosas. Más allá de los productos o servicios que ofrece, existe un conjunto de valores, creencias y comportamientos que determinan cómo se trabaja dentro de la organización. Esto es lo que se conoce como cultura empresarial, y aunque a veces se pasa por alto en los procesos de contratación, su importancia no puede ser subestimada. Contratar a alguien que no encaja con la cultura de la empresa puede traer problemas a largo plazo, incluso si el candidato tiene todas las habilidades necesarias para el puesto.

La cultura empresarial influye en la forma en que los empleados interactúan entre sí, en cómo se toman las decisiones y en el ambiente general de trabajo. Algunas empresas valoran la autonomía y la creatividad, permitiendo que los empleados propongan ideas nuevas y trabajen de manera independiente. Otras empresas prefieren estructuras más rígidas, donde cada persona sigue procedimientos específicos sin desviarse de ellos. Ningún enfoque es mejor que otro, pero es fundamental que los nuevos empleados se adapten bien a la forma en que funciona la empresa.

Un problema común en muchas empresas es contratar basándose únicamente en la experiencia y las habilidades técnicas, sin considerar si la persona se sentirá cómoda con la cultura organizacional. Un candidato puede ser excelente en su trabajo, pero si sus valores, su actitud o su estilo de trabajo chocan con la cultura de la empresa, es probable que termine renunciando o generando conflictos dentro del equipo. Por ejemplo, si una empresa tiene un ambiente de trabajo relajado y colaborativo, pero contrata a alguien que prefiere trabajar solo y seguir órdenes estrictas, es probable que no se adapte bien y que su desempeño no sea el esperado.

La cultura empresarial también tiene un impacto directo en la motivación y la productividad de los empleados. Cuando una persona se identifica con los valores y la forma de trabajo de la empresa, se siente más comprometida y motivada. Por el contrario, si hay una desconexión entre lo que la empresa representa y lo que el empleado busca en su entorno laboral, su nivel de compromiso será bajo y su rendimiento se verá afectado. Un empleado que se siente fuera de lugar no solo será menos productivo, sino que también puede influir negativamente en el ánimo de todo el equipo.

Otro punto importante es que la cultura empresarial juega un papel clave en la retención de talento. Si una empresa quiere evitar una alta rotación de empleados, necesita asegurarse de que las personas que contrata encajen con su filosofía y su estilo de trabajo. Muchas veces, las personas no dejan su trabajo porque no les gusta lo que hacen, sino porque no se sienten cómodas con la forma en que la empresa opera o con la manera en que se manejan las relaciones dentro del equipo. Cuando hay una buena alineación entre los empleados y la cultura de la empresa, la satisfacción laboral es mayor y es menos probable que las personas busquen oportunidades en otro lugar.

Para asegurarse de que un candidato encaja con la cultura empresarial, es importante hacer preguntas específicas durante el proceso de selección. Preguntas como "¿Cómo te gusta trabajar en equipo?", "¿Qué tipo de ambiente laboral te motiva más?" o "¿Qué valores consideras importantes en una empresa?" pueden dar una idea clara de si la persona comparte la misma visión que la organización. También es útil describir la cultura de la empresa durante la entrevista y observar la reacción del candidato. Si se muestra entusiasmado y hace preguntas sobre la forma de trabajo, es una buena señal. Si parece indiferente o incómodo, puede ser una señal de que no es la persona adecuada para el puesto.

Otro aspecto importante es que la cultura empresarial no solo debe estar definida en palabras, sino que debe reflejarse en el día a día de la empresa. Si una empresa dice que valora la innovación, pero desalienta cualquier idea nueva que venga de los empleados, su cultura real es muy diferente de lo que dice. Es fundamental que los líderes de la organización den el ejemplo y que las políticas internas respalden los valores que la empresa promueve. La cultura empresarial debe ser coherente y auténtica para que realmente tenga un impacto positivo en la contratación y el desempeño de los empleados.

Además, la cultura empresarial puede ser un factor diferenciador en la atracción de talento. Muchas personas buscan más que un salario y beneficios económicos al elegir un empleo. Quieren trabajar en un lugar donde se sientan valoradas, donde puedan crecer y donde el ambiente de trabajo sea agradable. Las empresas que tienen una cultura bien definida y atractiva pueden atraer a candidatos que se identifican con su forma de hacer las cosas, lo que aumenta las probabilidades de encontrar empleados comprometidos y leales.

Construir y mantener una cultura empresarial fuerte no es un proceso automático ni sencillo. Requiere un esfuerzo constante para asegurarse de que todos en la organización la comprendan y la vivan en su día a día. Pero cuando se logra, los beneficios son enormes. Una empresa con una cultura sólida no solo atraerá y retendrá mejor talento, sino que también tendrá empleados más felices, motivados y productivos. La clave es entender que la cultura no es un detalle menor en el proceso de contratación, sino un factor determinante en el éxito a largo plazo de la empresa.

Evaluación del Potencial de Crecimiento

Cuando una empresa contrata a alguien, no solo está buscando a alguien que pueda hacer el trabajo en el presente, sino a una persona que pueda crecer y aportar más valor con el tiempo. Evaluar el potencial de crecimiento de un candidato es clave para construir un equipo sólido y asegurar el éxito a largo plazo de la organización. No se trata solo de encontrar a alguien con la experiencia y habilidades adecuadas, sino de identificar quién tiene la capacidad y la motivación para aprender, adaptarse y asumir mayores responsabilidades en el futuro.

El potencial de crecimiento de un candidato no siempre es evidente en su currículum. Puede haber personas con un historial laboral impresionante que, en realidad, han alcanzado su techo profesional y no muestran interés en seguir aprendiendo. Por otro lado, hay candidatos que pueden tener menos experiencia pero que tienen una gran capacidad de aprendizaje y un fuerte deseo de mejorar. Para evaluar este potencial, es necesario ir más allá de los títulos y las certificaciones y analizar aspectos como la actitud, la curiosidad intelectual y la capacidad de resolver problemas.

Uno de los indicadores más claros del potencial de crecimiento de un candidato es su deseo de aprender. Las personas con mentalidad de crecimiento buscan constantemente mejorar sus habilidades, ya sea tomando cursos, leyendo sobre su industria o buscando formas de perfeccionar su desempeño. Durante la entrevista, se pueden hacer preguntas como "¿Cuál fue la última habilidad nueva que aprendiste y cómo lo hiciste?", "¿Cómo te mantienes actualizado en tu campo?" o "¿Cómo reaccionas cuando enfrentas un problema que no sabes resolver?". Las respuestas a estas preguntas pueden revelar si el candidato tiene una mentalidad orientada al aprendizaje o si prefiere quedarse en su zona de confort.

La capacidad de adaptación es otro factor clave en el potencial de crecimiento. En un mundo donde la tecnología y las industrias cambian rápidamente, las empresas necesitan empleados que puedan ajustarse a nuevas circunstancias sin dificultad. Un candidato que ha cambiado de sector o ha asumido distintos roles a lo largo de su carrera puede demostrar que tiene la flexibilidad necesaria para aprender cosas nuevas y adaptarse a cambios inesperados. Para evaluar esto, se pueden hacer preguntas sobre situaciones en las que el candidato tuvo que salir de su rutina, aprender algo nuevo rápidamente o cambiar su enfoque para adaptarse a un entorno diferente.

Otro aspecto importante es la capacidad de resolver problemas de manera independiente. Un candidato con gran potencial no solo sigue instrucciones, sino que también es capaz de analizar situaciones, identificar soluciones y tomar decisiones de forma efectiva. Para medir esta capacidad, se pueden presentar escenarios hipotéticos durante la entrevista y pedirle al candidato que explique cómo los resolvería. Si la respuesta es estructurada, lógica y demuestra iniciativa, es una buena señal de que el candidato tiene el potencial para asumir mayores responsabilidades en el futuro.

El liderazgo es otro indicador del potencial de crecimiento. No todas las personas aspiran a ser gerentes o directivos, pero la capacidad de influir en otros, trabajar en equipo y tomar la iniciativa son características valiosas en cualquier organización. Un candidato con habilidades de liderazgo muestra interés en ayudar a sus compañeros, proponer ideas y asumir responsabilidades sin que se lo pidan. Durante el proceso de selección, se pueden hacer preguntas como "¿Alguna vez has tomado la iniciativa en un proyecto sin que te lo pidieran?" o "¿Cómo manejas situaciones en las que alguien de tu equipo tiene dificultades?". Si el candidato demuestra que ha sido capaz de liderar en el pasado, es probable que pueda hacerlo a mayor escala en el futuro.

La perseverancia y la resiliencia también son factores que indican el potencial de crecimiento de un candidato. Las personas que pueden manejar el fracaso, aprender de los errores y seguir adelante con determinación tienen más probabilidades de avanzar en su carrera. Para evaluar esto, se pueden hacer preguntas como

"Cuéntame sobre un momento en el que enfrentaste un gran desafío en el trabajo y cómo lo superaste" o "¿Cuál ha sido el mayor obstáculo que has enfrentado en tu carrera y qué aprendiste de él?". Un candidato con alto potencial verá los problemas como oportunidades de aprendizaje en lugar de razones para rendirse.

La compatibilidad con la visión y los valores de la empresa también influye en el potencial de crecimiento de un candidato. Una persona que se identifica con la misión de la empresa y se siente motivada por lo que representa tendrá una mayor disposición para contribuir al crecimiento de la organización. Para identificar esto, se pueden hacer preguntas sobre lo que el candidato busca en un empleo, qué lo motiva a dar lo mejor de sí y cómo se imagina su desarrollo profesional en los próximos años. Si sus respuestas coinciden con la dirección en la que la empresa quiere avanzar, es una señal de que puede convertirse en un activo valioso a largo plazo.

El proceso de evaluación del potencial de crecimiento no se trata de buscar al candidato perfecto, sino de encontrar a alguien que tenga la disposición, la actitud y las habilidades necesarias para evolucionar dentro de la empresa. Contratar a alguien con experiencia puede ser útil en el corto plazo, pero contratar a alguien con gran potencial asegura que la empresa tendrá talento capaz de asumir nuevos retos en el futuro. Identificar a estas personas desde la etapa de selección es clave para construir equipos que no solo hagan bien su trabajo, sino que ayuden a la empresa a crecer con ellos.

Cómo Comparar y Elegir al Mejor Candidato

Elegir al mejor candidato no es una tarea sencilla, especialmente cuando hay varios perfiles que cumplen con los requisitos del puesto. Muchas veces, después de haber revisado currículums, realizado entrevistas y comprobado referencias, quedan dos o tres finalistas que parecen igualmente calificados. En este punto, tomar la decisión correcta es crucial, ya que de ello depende no solo la eficiencia del nuevo empleado, sino también la estabilidad y el crecimiento de la empresa. Para hacer una comparación efectiva y elegir con confianza, es necesario seguir un proceso estructurado que permita evaluar cada opción de manera justa y objetiva.

El primer paso para comparar candidatos es revisar de manera detallada sus competencias y experiencia. Aunque todos los finalistas pueden cumplir con los requisitos básicos del puesto, siempre hay diferencias en la profundidad y calidad de su experiencia. Es útil hacer una tabla comparativa con los aspectos más importantes, como conocimientos técnicos, habilidades específicas, logros en trabajos anteriores y tiempo de experiencia en funciones similares. Esto ayuda a visualizar mejor cuál de ellos tiene una ventaja clara en términos de preparación. Sin embargo, es importante recordar que la experiencia por sí sola no siempre es el factor decisivo.

Más allá de la experiencia, es fundamental evaluar las habilidades blandas de cada candidato. Aspectos como la comunicación, la capacidad para resolver problemas, el trabajo en equipo y la adaptabilidad son igual de importantes que el conocimiento técnico, especialmente en empresas donde la colaboración y la innovación juegan un papel clave. Para comparar estas habilidades, se pueden revisar las respuestas dadas en las entrevistas y analizar quién mostró mejor capacidad de respuesta, quién tuvo un enfoque más lógico y quién transmitió mayor seguridad en sus habilidades.

Otro factor importante es la compatibilidad con la cultura de la empresa. Incluso si un candidato tiene las mejores habilidades técnicas, si no encaja con la forma de trabajar de la organización, es probable que surjan conflictos o que su desempeño no sea el esperado. Para evaluar esto, se puede analizar cómo cada finalista reaccionó ante preguntas sobre valores, ambiente de trabajo y expectativas laborales. También es útil considerar la actitud que mostraron durante todo el proceso de selección. Un candidato entusiasta y motivado es generalmente una mejor opción que alguien con un excelente currículum pero sin interés evidente en la empresa.

El potencial de crecimiento también debe ser un criterio clave en la comparación. No se trata solo de elegir a la persona que mejor puede hacer el trabajo hoy, sino a alguien que tenga la capacidad y la disposición para asumir mayores responsabilidades en el futuro. Para evaluar esto, se pueden revisar aspectos como su deseo de aprendizaje, su historial de desarrollo profesional y su interés en seguir creciendo dentro de la empresa. Un candidato que muestra ambición por mejorar y aprender continuamente puede ser una mejor inversión a largo plazo que alguien que, aunque competente, no tiene interés en evolucionar profesionalmente.

Las referencias laborales son otra herramienta clave en la comparación. Llamar a exjefes o supervisores y preguntar sobre el desempeño, la actitud y la fiabilidad de cada candidato puede ayudar a confirmar fortalezas y detectar posibles problemas. Es importante prestar atención a los detalles en las respuestas de las referencias. Si un exjefe da una recomendación entusiasta y menciona logros específicos del candidato, es una señal positiva. Si, en cambio, la recomendación es vaga o poco convincente, puede ser una advertencia de que el candidato no tuvo un desempeño tan sólido como dice.

En algunos casos, puede ser útil involucrar a otras personas en la decisión final. Si el puesto implica trabajar en equipo, pedir la opinión de quienes serán compañeros directos del candidato puede dar una perspectiva adicional. También es recomendable que los líderes de la empresa participen en la evaluación, especialmente si se trata de una posición clave dentro de la organización. Tener diferentes puntos de vista puede evitar sesgos y ayudar a tomar una decisión más equilibrada.

Si después de todo el proceso sigue habiendo dudas entre dos o más candidatos, una estrategia efectiva es realizar una prueba práctica o una última entrevista enfocada en situaciones reales del puesto. Pedir a los finalistas que resuelvan un problema o que presenten una propuesta sobre un tema específico puede revelar diferencias importantes en su enfoque, creatividad y habilidades para el puesto. A veces, una pequeña prueba adicional es suficiente para que un candidato sobresalga sobre el resto.

Finalmente, la decisión debe tomarse considerando no solo los datos objetivos, sino también la intuición y la impresión general que dejó cada candidato. Contratar a alguien no es solo un acto lógico basado en puntuaciones y comparaciones, sino también un proceso en el que la confianza y la seguridad en la elección juegan un papel importante. Si un candidato cumple con todos los requisitos pero hubo dudas o señales de alerta durante la entrevista, es mejor reconsiderar su elección. Por el contrario, si alguien demostró ser el mejor en casi todos los aspectos y además dejó una impresión positiva en el equipo, es probable que sea la persona indicada para el puesto.

Elegir al mejor candidato no significa buscar la perfección, sino encontrar a la persona que tenga las habilidades, la actitud y la compatibilidad necesarias para aportar valor a la empresa a largo plazo. Un proceso de comparación estructurado y bien pensado no solo aumenta las probabilidades de tomar la mejor decisión, sino que también ayuda a reducir riesgos y a asegurar que la empresa cuente con un equipo sólido y eficiente.

Haciendo una Oferta Irresistible

Cuando finalmente has encontrado al candidato ideal, el siguiente paso es lograr que acepte unirse a tu empresa. Para ello, es fundamental hacerle una oferta irresistible, algo que lo motive a elegir tu propuesta sobre cualquier otra que pueda tener. Muchos empresarios y reclutadores asumen que ofrecer un buen salario es suficiente, pero la realidad es que los profesionales buscan mucho más que dinero. Quieren sentirse valorados, tener oportunidades de crecimiento y trabajar en un entorno donde realmente disfruten lo que hacen. Una oferta bien diseñada no solo debe ser atractiva económicamente, sino que también debe conectar con las expectativas, intereses y aspiraciones del candidato.

El primer aspecto clave de una oferta irresistible es la claridad. La propuesta debe ser precisa y detallada, sin dejar espacio para dudas o interpretaciones ambiguas. El candidato debe saber exactamente cuánto ganará, qué beneficios tendrá, cómo será su horario, qué expectativas existen sobre su desempeño y qué oportunidades de crecimiento tendrá dentro de la empresa. Cuando la oferta es vaga o incompleta, el candidato puede sentir inseguridad y comenzar a considerar otras opciones.

El salario es sin duda un factor importante, pero no siempre es el que define la decisión de un candidato. Muchas veces, los profesionales aceptan ofertas con una remuneración ligeramente menor si el paquete de beneficios y las condiciones de trabajo son lo suficientemente atractivas. Aquí es donde entran en juego aspectos como bonos por desempeño, días adicionales de descanso, opciones de trabajo remoto, planes de desarrollo profesional y cualquier otro incentivo que haga la oferta más completa. Si la empresa no puede ofrecer un salario muy alto, debe compensarlo con otros elementos que hagan que la propuesta sea difícil de rechazar.

Uno de los beneficios más valorados por los candidatos es la flexibilidad laboral. La posibilidad de trabajar desde casa algunos días, tener horarios más ajustados a sus necesidades o contar con permisos especiales para atender asuntos personales puede marcar la diferencia entre aceptar o rechazar una oferta. En un mundo donde el equilibrio entre la vida personal y laboral es cada vez más importante, las empresas que ofrecen mayor flexibilidad tienen una ventaja competitiva en la atracción de talento.

Las oportunidades de crecimiento y desarrollo profesional también juegan un papel crucial en una oferta irresistible. Un candidato con ambición y deseos de progresar no solo busca un buen salario, sino la posibilidad de aprender, mejorar sus habilidades y avanzar en su carrera. Incluir en la oferta planes de capacitación, acceso a cursos especializados, posibilidades de promoción interna y mentorías con profesionales de la empresa puede hacer que el candidato vea el empleo como una inversión en su futuro.

Otro factor que hace una oferta más atractiva es la cultura de la empresa. Si el candidato ha demostrado interés en la forma en que la organización trabaja y en sus valores, es importante reforzar este aspecto al presentar la oferta. Se le puede hablar sobre el ambiente de trabajo, la dinámica del equipo, los proyectos innovadores en los que podría participar y las experiencias positivas de otros empleados. Cuando un candidato siente que encajará bien en la empresa y que disfrutará de su trabajo, es más probable que acepte la propuesta.

El proceso de presentación de la oferta también influye en la decisión del candidato. No basta con enviar un correo con los detalles, sino que es recomendable hacer una presentación personalizada. Una conversación cara a cara o por videollamada permite responder dudas en el momento y transmitir entusiasmo sobre la incorporación del candidato a la empresa. Si es posible, se puede incluir a alguien del equipo con quien trabajará directamente para que refuerce la idea de que su llegada será bienvenida y valorada.

También es importante considerar el tiempo de respuesta del candidato. Algunas empresas cometen el error de presionar demasiado para que la decisión sea inmediata, lo que puede generar incomodidad y hacer que el candidato se sienta apresurado. Lo ideal es darle un tiempo razonable para analizar la oferta, pero sin dejar que pase demasiado tiempo, ya que la indecisión prolongada puede significar que está considerando otras opciones. Un plazo de dos a cinco días es suficiente para que el candidato tome una decisión informada sin sentir que está siendo forzado.

Si después de presentar la oferta el candidato muestra dudas o pide algunas modificaciones, es importante estar abierto a la negociación. En muchos casos, pequeños ajustes pueden hacer que la propuesta se vuelva mucho más atractiva. Puede ser un bono adicional, una fecha de inicio más conveniente o algún beneficio extra que no represente un costo elevado para la empresa, pero que tenga un gran valor para el candidato. La clave es entender qué aspectos son más importantes para él y tratar de llegar a un acuerdo que beneficie a ambas partes.

En el caso de que el candidato rechace la oferta, es recomendable preguntarle cuáles fueron las razones de su decisión. Esto puede ayudar a mejorar futuras propuestas y entender mejor qué busca el talento en el mercado. A veces, un candidato dice que no simplemente porque recibió otra oferta que se ajusta mejor a sus necesidades, pero en otras ocasiones, el problema puede haber sido algo que la empresa puede mejorar en sus futuras contrataciones.

Hacer una oferta irresistible no es solo cuestión de dinero, sino de entender qué es lo que realmente valora el candidato y presentarle una propuesta que le haga sentir que este es el mejor lugar para trabajar. Cuando una empresa logra construir ofertas atractivas, no solo aumenta sus posibilidades de contratar a los mejores talentos, sino que también fortalece su reputación como un lugar donde las personas quieren estar. La clave está en pensar más allá del salario y diseñar una oferta que haga que el candidato sienta que aceptar es la mejor decisión para su futuro.

El Onboarding

El proceso de contratación no termina cuando el candidato acepta la oferta. De hecho, uno de los momentos más críticos comienza justo después: el onboarding. Este término hace referencia a la integración del nuevo empleado a la empresa, un proceso que puede marcar la diferencia entre una incorporación exitosa y una experiencia frustrante tanto para el trabajador como para la organización. Un buen onboarding no solo ayuda a que la persona se adapte más rápido a su nuevo rol, sino que también aumenta su compromiso, su motivación y su productividad desde los primeros días.

Uno de los errores más comunes en muchas empresas es asumir que el nuevo empleado llegará, se sentará en su escritorio y automáticamente entenderá cómo funciona todo. Sin una guía clara, es fácil que se sienta perdido, abrumado o incluso desmotivado. La clave para un onboarding exitoso es estructurarlo de manera que la persona se sienta bienvenida, comprendida y apoyada en su proceso de adaptación. Para lograrlo, es fundamental que la empresa tenga un plan bien definido desde antes de la llegada del nuevo integrante.

El primer paso es la preparación previa. Antes de que el nuevo empleado pise la oficina o se conecte por primera vez en un entorno remoto, la empresa debe asegurarse de que todo esté listo para su llegada. Esto incluye tener su espacio de trabajo preparado, con la computadora, credenciales de acceso, correo electrónico y cualquier otro recurso que necesite para comenzar a trabajar sin contratiempos. En el caso de los trabajos remotos, esto significa asegurarse de que tenga acceso a las plataformas necesarias y que reciba una guía clara sobre cómo conectarse y comunicarse con el equipo.

El primer día es clave en el onboarding. Es el momento en el que el empleado empieza a formarse una impresión sobre la empresa, el equipo y su rol. Para que este día sea una experiencia positiva, es recomendable darle una bienvenida formal, ya sea a través de una reunión con su líder directo o con todo el equipo. Durante esta bienvenida, es importante explicarle la cultura de la empresa, sus valores y lo que se espera de él en su nuevo puesto. También es una buena oportunidad para presentarle a sus compañeros y ayudarlo a establecer conexiones desde el primer momento.

Otro aspecto crucial del onboarding es la claridad en las expectativas. El nuevo empleado necesita saber qué se espera de él en las primeras semanas y cuáles serán sus responsabilidades principales. Muchas veces, las empresas cometen el error de asignar tareas sin una explicación detallada, lo que puede generar confusión y ansiedad. Para evitar esto, es recomendable proporcionar un plan de trabajo para los primeros días o semanas, donde se detallen sus objetivos iniciales y los pasos que debe seguir para cumplirlos.

Asignar un mentor o un compañero de apoyo es una estrategia efectiva para facilitar la adaptación. Esta persona puede ser un colega con más experiencia en la empresa, que tenga la disposición de guiar y responder preguntas al nuevo empleado durante sus primeras semanas. Tener a alguien de confianza a quien recurrir reduce la ansiedad y acelera el proceso de integración, ya que permite que el nuevo trabajador se sienta acompañado en todo momento.

El onboarding no se trata solo de la parte técnica del trabajo, sino también de la integración social. Un empleado que se siente parte del equipo desde el principio tiene más probabilidades de comprometerse con la empresa y de desempeñarse mejor en su rol. Para lograr esto, es recomendable organizar reuniones informales o actividades de integración donde el nuevo trabajador pueda conocer mejor a sus compañeros en un ambiente relajado. Esto es especialmente importante en empresas con trabajo remoto, donde la distancia puede hacer que la conexión entre empleados sea más difícil.

El proceso de integración debe extenderse más allá de la primera semana. Es recomendable hacer seguimientos periódicos durante el primer mes y hasta los primeros tres meses para asegurarse de que el empleado se está adaptando bien. Durante estos seguimientos, es útil preguntar sobre sus experiencias, sus dudas y cualquier obstáculo que haya encontrado en su proceso de adaptación. Esto no solo ayuda a resolver problemas a tiempo, sino que también demuestra interés por su bienestar y desarrollo dentro de la empresa.

Otro elemento clave en un buen onboarding es la retroalimentación. El nuevo empleado necesita saber si está avanzando en la dirección correcta y si hay aspectos que puede mejorar. Esto no significa hacer evaluaciones formales desde el primer mes, sino brindar comentarios constructivos sobre su desempeño inicial. Si el empleado recibe orientación y reconocimiento desde el principio, es más probable que se sienta motivado y continúe esforzándose por hacer un buen trabajo.

Un buen onboarding no solo beneficia al empleado, sino también a la empresa. Un trabajador que se siente bien recibido y apoyado desde el primer día se adapta más rápido, comete menos errores y empieza a aportar valor a la organización en menos tiempo. Por otro lado, cuando el proceso de integración es deficiente, el empleado puede sentirse desorientado o insatisfecho, lo que aumenta el riesgo de que renuncie en los primeros meses. De hecho, muchas empresas pierden talento valioso por no invertir en un buen proceso de incorporación.

En definitiva, el onboarding es una de las fases más importantes del proceso de contratación y debe ser tratado con la misma seriedad y planificación que la selección de candidatos. Crear un ambiente acogedor, brindar información clara, asignar apoyo y dar seguimiento constante son las claves para lograr que un nuevo empleado se convierta rápidamente en un miembro productivo y comprometido del equipo. Cuando se hace bien, el onboarding no solo ayuda a retener talento, sino que también refuerza la cultura empresarial y mejora la dinámica de toda la organización.

Midiendo el Éxito de una Contratación

Contratar a la persona correcta es solo el primer paso. Para saber si una contratación realmente fue exitosa, es fundamental medir su impacto en la empresa y en el equipo de trabajo. Muchas veces, los empleadores creen que una contratación fue buena simplemente porque el empleado cumple con sus tareas, pero esto es solo una parte del panorama. Una contratación exitosa se traduce en productividad, compromiso, adaptación a la cultura empresarial y, en el mejor de los casos, en un crecimiento mutuo tanto para el trabajador como para la organización.

El primer indicador de éxito es el desempeño del empleado en su puesto. Durante los primeros meses, es importante evaluar si cumple con los objetivos para los que fue contratado y si logra aportar valor a la empresa. Esto no significa esperar que sea perfecto desde el primer día, pero sí que muestre avances claros y un aprendizaje continuo. Para medir este aspecto, es recomendable establecer metas concretas desde el inicio y hacer revisiones periódicas para ver cómo progresa en su adaptación y cumplimiento de tareas.

Otro aspecto clave es la rapidez con la que el nuevo empleado se integra al equipo. Un buen trabajador no solo es eficiente en su trabajo individual, sino que también debe ser capaz de colaborar con sus compañeros y ajustarse a la dinámica del equipo. Si después de varias semanas sigue teniendo dificultades para comunicarse, trabajar en conjunto o entender los procesos internos, puede ser una señal de que la integración no está funcionando como debería. Para evitar esto, es importante que los líderes de la empresa presten atención a cómo el nuevo integrante interactúa con los demás y si está logrando adaptarse de manera natural.

El nivel de compromiso del nuevo empleado también es un indicador fundamental. Un trabajador comprometido muestra entusiasmo por su trabajo, participa activamente en reuniones y aporta ideas para mejorar procesos. Si, por el contrario, después de unos meses mantiene una actitud distante, evita involucrarse o simplemente cumple con lo mínimo necesario, es posible que la contratación no haya sido la mejor elección. Evaluar el compromiso puede ser complicado, pero una buena forma de hacerlo es observando su nivel de proactividad y preguntando a su equipo sobre la percepción que tienen de él.

Un signo evidente de una contratación exitosa es la permanencia del empleado en la empresa. Si un trabajador renuncia en los primeros meses, es una clara señal de que algo no funcionó en el proceso de selección o en su integración. Una alta rotación de personal no solo representa un costo económico para la empresa, sino que también afecta la moral del equipo y genera inestabilidad en la organización. Para reducir este riesgo, es recomendable hacer entrevistas de seguimiento con el nuevo empleado para detectar posibles problemas antes de que decida irse.

El impacto en la productividad del equipo también es un factor a considerar. Un buen empleado no solo hace bien su trabajo, sino que también contribuye a mejorar la eficiencia de los demás. Si después de contratar a alguien el equipo trabaja mejor, se reducen errores o se agilizan procesos, es una señal de que la contratación fue un acierto. En cambio, si la llegada del nuevo integrante genera conflictos, ralentiza el trabajo o crea tensiones entre los compañeros, puede ser una señal de que no fue la mejor elección.

Para medir el éxito de una contratación, también es útil obtener retroalimentación de diferentes fuentes. Preguntar a supervisores, compañeros y al propio empleado sobre cómo ha sido el proceso de adaptación permite identificar fortalezas y áreas de mejora. A veces, un empleado puede estar desempeñándose bien, pero sentirse insatisfecho o desmotivado por razones que no son evidentes a simple vista. Escuchar sus opiniones y preocupaciones es una forma efectiva de asegurarse de que su experiencia en la empresa sea positiva y productiva.

Otro indicador importante es el impacto que tiene la nueva contratación en los objetivos generales de la empresa. Si la persona contratada ayuda a cumplir metas estratégicas, a resolver problemas importantes o a mejorar áreas que estaban en dificultades, es una señal clara de que la elección fue acertada. Por el contrario, si después de varios meses la empresa sigue enfrentando los mismos problemas o no ha habido mejoras significativas, es posible que el puesto no haya sido cubierto con la persona más adecuada.

Evaluar el éxito de una contratación no es un proceso que se hace una sola vez. Es necesario hacer revisiones periódicas y ajustar estrategias según los resultados obtenidos. No todas las contrataciones serán perfectas, pero si la empresa aprende de cada experiencia, podrá mejorar sus procesos de selección y aumentar las probabilidades de contratar a las personas adecuadas en el futuro.

En definitiva, una contratación exitosa no se mide solo por el hecho de que alguien haya aceptado la oferta y se haya incorporado a la empresa. Se trata de evaluar su desempeño, su integración, su nivel de compromiso y el impacto que tiene en la organización. Solo al medir estos factores de manera constante se puede garantizar que cada nuevo empleado no solo cubra una vacante, sino que realmente contribuya al crecimiento y éxito de la empresa a largo plazo.

Errores Comunes al Contratar y Cómo Evitarlos

Contratar a la persona equivocada puede convertirse en un problema costoso y frustrante para cualquier empresa. A pesar de los mejores esfuerzos, es común que los empleadores cometan errores en el proceso de selección, ya sea por apresurarse, por no evaluar correctamente a los candidatos o por descuidar aspectos clave de la contratación. Estos errores pueden llevar a una alta rotación de personal, a conflictos dentro del equipo e incluso a pérdidas económicas significativas. Para evitar estas situaciones, es fundamental conocer cuáles son los errores más frecuentes al contratar y cómo prevenirlos.

Uno de los errores más comunes es contratar con prisa. Muchas empresas buscan cubrir una vacante lo antes posible y terminan eligiendo a la primera persona que parece encajar, sin tomarse el tiempo de evaluar a varios candidatos. La urgencia puede llevar a decisiones impulsivas, y lo que en un inicio parece una solución rápida puede convertirse en un problema a largo plazo. Para evitarlo, es fundamental planificar la contratación con anticipación, definir bien el perfil del candidato ideal y dedicar el tiempo necesario para evaluar a cada postulante de manera objetiva.

Otro error frecuente es basar la decisión solo en el currículum. Si bien la experiencia y las habilidades técnicas son importantes, no son los únicos factores que determinan si alguien es la persona adecuada para el puesto. Muchos candidatos pueden tener un currículum impresionante, pero carecer de las habilidades blandas necesarias para adaptarse a la cultura de la empresa o trabajar bien en equipo. Para evitar este error, es importante complementar la revisión del currículum con entrevistas efectivas, pruebas prácticas y referencias laborales que confirmen si el candidato es realmente adecuado.

Confiar ciegamente en lo que el candidato dice en la entrevista es otro error común. Algunas personas tienen grandes habilidades para venderse a sí mismas y pueden dar respuestas perfectas sin que esto signifique que realmente sean la mejor opción para el puesto. Para evitar caer en esta trampa, es recomendable hacer preguntas situacionales que obliguen al candidato a demostrar con ejemplos concretos cómo ha manejado situaciones en trabajos anteriores. Además, verificar referencias laborales es una estrategia clave para confirmar que la información proporcionada por el candidato es verídica.

No definir claramente las expectativas del puesto es otro problema frecuente. Si la empresa no deja claro desde el inicio cuáles son las responsabilidades, los objetivos y las expectativas para el nuevo empleado, es probable que surjan malentendidos y frustraciones. Esto puede llevar a que el empleado se sienta insatisfecho o a que la empresa termine decepcionada con su desempeño. Para evitarlo, es fundamental que la oferta de trabajo sea detallada y que en la entrevista se expliquen con precisión las funciones y los resultados esperados.

Un error que muchas empresas cometen es ignorar la cultura organizacional al contratar. No basta con que un candidato tenga las habilidades necesarias, también debe encajar con los valores, la forma de trabajo y la dinámica del equipo. Un empleado que no se siente identificado con la cultura de la empresa puede tener dificultades para adaptarse y, en muchos casos, termina renunciando en poco tiempo. Para evitar este problema, es importante evaluar si el candidato comparte los valores de la empresa y si su personalidad es compatible con el ambiente laboral.

Otro fallo común es descuidar el proceso de onboarding. Muchas veces, las empresas contratan a un buen candidato, pero luego no le brindan la orientación ni el apoyo necesario para integrarse adecuadamente. Sin un proceso de incorporación bien estructurado, el nuevo empleado puede sentirse perdido, desmotivado y menos productivo. Para evitar esto, es recomendable implementar un plan de onboarding que incluya una bienvenida adecuada, una guía clara de sus funciones y un acompañamiento durante sus primeras semanas.

No involucrar a las personas adecuadas en la decisión de contratación es otro error que puede traer problemas. A veces, la responsabilidad de elegir al nuevo empleado recae en una sola persona, lo que aumenta el riesgo de sesgos y malas decisiones. Para hacer una mejor selección, es recomendable incluir a varias personas en el proceso, como el futuro supervisor del candidato y otros miembros del equipo con los que trabajará. Esto permite obtener diferentes perspectivas y asegurarse de que la persona elegida sea realmente la mejor opción.

Ofrecer un salario poco competitivo también puede afectar la contratación. Muchas empresas intentan ahorrar costos ofreciendo sueldos bajos, lo que limita el acceso a candidatos de calidad y puede generar una alta rotación de personal. Un buen trabajador sabe cuánto vale y no aceptará un empleo que no le ofrezca una compensación justa. Para evitar este problema, es importante investigar los sueldos del mercado y asegurarse de que la oferta sea atractiva no solo en términos económicos, sino también en beneficios y oportunidades de crecimiento.

Un error grave es no dar seguimiento al desempeño del nuevo empleado. Muchas empresas creen que el proceso de contratación termina cuando el trabajador comienza a desempeñar sus funciones, pero esto no es cierto. Es fundamental hacer evaluaciones periódicas para asegurarse de que el nuevo empleado se está adaptando bien y cumpliendo con las expectativas. Si se detectan problemas a tiempo, se pueden tomar medidas correctivas antes de que la situación se agrave.

Finalmente, uno de los errores más costosos es no aprender de las malas contrataciones. Si una empresa se da cuenta de que ha contratado a la persona equivocada, lo peor que puede hacer es ignorar el problema y repetir los mismos errores en futuras selecciones. Cada mala experiencia debe ser una oportunidad para mejorar el proceso de contratación. Analizar qué salió mal, identificar qué señales se pasaron por alto y ajustar el proceso de selección permitirá tomar mejores decisiones en el futuro y reducir el riesgo de malas contrataciones.

Evitar estos errores comunes requiere tiempo, planificación y un enfoque estratégico en la contratación. No se trata solo de llenar un puesto, sino de asegurarse de que la persona elegida realmente aporte valor a la empresa y se convierta en un miembro productivo del equipo. Un buen proceso de selección no solo ahorra problemas, sino que también contribuye al crecimiento y estabilidad de la organización. Contratar de manera inteligente no es una tarea sencilla, pero evitar estos errores puede marcar la diferencia entre un equipo sólido y un negocio lleno de problemas de personal.

www.ingramcontent.com/pod-product-compliance
Lightning Source LLC
LaVergne TN
LVHW060259051026
849517LV00003B/877
* 9 7 9 8 2 3 0 1 9 8 3 9 0 *